미국 8학군 '페어팩스'에서의
영어 생활 적응기

일상대화 편

Learning English for Korean

Everyday Conversation in Fairfax

YoungBin Kim

지금 바로 미국 일상 속으로 들어가 보자
길거리 가로등 같은 길라잡이

영빈 지음

ISBN : 1494758288
ISBN-13 : 978-1494758288

목 차

머 리 말

이 책은
미국 생활 영어를 배우고 느끼고자 하는
모든 분들을 위해 만들었습니다.

2006년 봄, 나이 서른을 넘기고 온 미국에서의 영어는 참으로 어려
웠습니다. 학력고사 세대로 항상 문법만을 중요시 여기고, 모든 영어
의 발음은 사전을 통해 한국어 발음으로 익혀 외웠었죠. 쉽게 말해,
한국어의 발음 탈락과 연음, 영어의 발음 탈락과 연음이 확연히 다르
기에 미국에서는 '통하지 않는 영어'가 발생하게 되었습니다.

단어 활용도 마찬가지입니다. 한국어로 말을 할 때도 상황이나 분
위기에 따라 말의 표현이 달라지죠. 영어도 그러합니다. 하지만 영
어 단어를 외울 때, 다양한 상황의 표현보다는 단어 하나에 뜻 하나
를 중심으로 많이들 외우셨죠. 저 또한 그러했고요.

가령 'strange'는 '이상한', 'funny'는 '웃긴'처럼 1:1로 머리에 주입
된 세대가 많을 것으로 생각됩니다. 그래서 **한 가지 뜻만 알고 있는
사람은 '이상하네.' 라는 말을 떠올리면 'It is strange.'가 바로 툭 튀
어 나오죠.** 'It's funny.'라는 말은 거의 나오지를 않습니다.
하지만, 아시죠? 어이가 없고, 황당하고, 말도 안 되는 이상한 상
황을 보고 우리말로도 이렇게 표현을 하죠.
"거 참 웃기네." "웃기고 있네."
이처럼 영어도 많은 상황 표현을 안다면 더 자연스러워질 겁니다.

이 책 한 권으로 많은 영어 표현을 다 전달할 수는 없겠지만, 그림
200 여 컷을 만화처럼 편안하게 읽으면서 미국 생활을 이해하고, 영
어를 조금이나마 폭넓게 보실 수 있기를 바랍니다.

영어를 잘하는 사람이 아닌 그 누군가를 위하여
2013년 11월 02일   김 영 빈

신발 좀 벗어주시겠어요?

take ~ off ~을 벗다.
off는 공간, 시간상으로 떨어져있는 상태를 말해요.

더 많은 표현 보기

경기가 취소됐어.
The game has been **called off**.

병원 가는 거 미뤘어.
I've been **putting off** seeing the doctor.

Sophia는 대학 다니느라 멀리 떠났어.
Sophia is **going off** to college.

그녀를 워싱턴 덜레스 공항에 바래다주고 왔어.
I went to the IAD airport to **see** her **off**.

Aiden한테 내 옷을 빌려줬어.

let somebody **do** something   ~에게 ~하게 하다.
let, make, have등의 사역동사는 목적어 뒤에 원형동사.

더 많은 표현 보기

Aiden이 내 옷을 빌려갔다.
  Aiden borrowed my jacket.

내가 Gabriel한테 알려줬어.
  I **let** Gabriel **know**.

너한테 말한 사람이 나라는 걸 누구한테도 알려주면 안 돼.
  Don't **let** anyone **know** it was me who told you.

배고파. 가기 전에 얼른 뭐 좀 먹자.

grab ~   (바빠서) ~을 빨리 먹다.

더 많은 표현 보기

퇴근하고 맥주 한잔 하러가자.

Let's **grab a beer** after work.

커피 좀 마시게 잠시만 기다려 줘.

Hang on while I **grab a cup of coffee**.

참고 나 일 시작했어. (숟가락을 들다.를 비유적으로)

I **grabbed a spoon**.

아직 안 골랐어요. 잠시 만요.

be동사 ready to ~   (바로) ~할 준비가 되었다.

더 많은 표현 보기

나 지금 바로 출발해도 돼.

I **am ready to start** immediately.

난 항상 널 도울 준비가 되어있어.

I**'m** always **ready to help you.**

참고 조금만 시간을 주세요.

I **need** just **another minute.**

저도 같은 걸로 주세요.

the same   (둘 또는 그 이상의 사람이나 물건이)
정확하게 같은

더 많은 표현 보기

우린 같은 처지야.
We are **in the same oven**.

이것들은 가격이 같아요.
These are **the same price**.

도와줘서 고마워. 나도 똑같이 할 거야.
Thanks for your help. I'll do **the same** for you.

Jackson하고 같이 점심 먹고 있어.

have ~　　~을 먹다. 마시다. (담배를) 피우다.

더 많은 표현 보기

Ryan이랑 같이 저녁 먹을 거야.

I'll be **having dinner** with Ryan.

담배 피우세요?

Have a smoke?

난 평소 7시에 아침을 먹어요.

I usually **have breakfast** at about seven.

내가 밥 살게.

treat somebody (to something)   ~에게 (~을) 대접하다.

더 많은 표현 보기

내가 밥 살게.
  It's **my treat**.

점심은 내가 살게.
  Lunch **is on me**.

밥 잘 먹었어.
  Thank you for **treating me**.

참고 내가 계산할게.
  I'll **pick up the tab**.

얼른 먹고 서둘러.

finish ~   (남김없이) ~을 먹다.

더 많은 표현 보기

디저트까지 다 먹고 갈 거야.

I'll just **finish my dessert**.

참고 디저트는 서비스에요.

Dessert is **on the house**.

많으면 남기세요.

You don't have to **finish your dinner**.

계산서 좀 갖다 주세요.

Can / Could I have ~ ?   ~을 갖다 주세요.

더 많은 표현 보기

아이 의자 좀 갖다 주세요.
Can we have a highchair?

물 좀 더 갖다 주세요.
Could I have some more water?

이거 조금만 더 익혀 주세요.
Could I have it broiled a little more?

우리 각자 5달러씩 내자.

chip in ~   (~을 사기 위하여 그 그룹의 사람들이 각각) 돈을 조금씩 내서 모으다.

더 많은 표현 보기

피자 먹게 돈 좀 걷어봐.

Let's **chip in some money** for pizza.

선물사려고 우리 모두가 돈 조금씩 모아봤어.

We all **chipped in** and bought a present.

우리가 돈을 조금씩 모은다면 어려운 사람들을 도울 수 있습니다.

If we **chip in**, we can help refugees.

손님, 카드 한도액이 초과되었습니다.

max out   최고에 달하다.

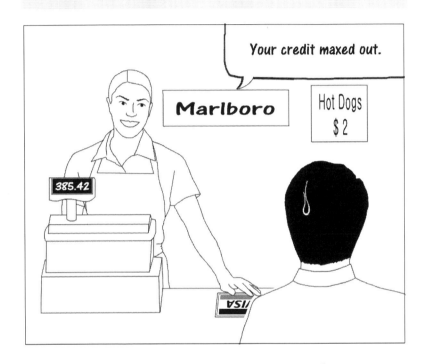

더 많은 표현 보기

손님, 카드 한도액이 초과되었습니다.
You're over your credit limit.
You are overdrawn.

참고 현금지급기에서 하루에 얼마까지 돈 뽑을 수 있죠?
What's the daily **limit on** cash from the ATM?

ATM에서 현금 서비스로 100달러만 뽑아와.

cash advance   (신용 카드를 이용한) 현금 서비스

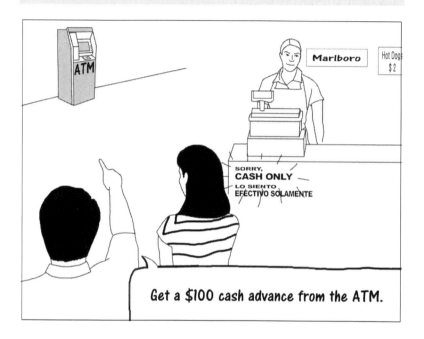

Get a $100 cash advance from the ATM.

더 많은 표현 보기

현금 서비스 받았어.

I took out **a cash advance**.

현금 서비스를 받을 수 있을까요?

Can I get **a cash advance**?

현금 서비스를 받고 싶은데요.

I'd like **a cash advance**.

큰 마트가 대체적으로
동네 가게보다 물건을 싸게 팔지.

undersell ~   ~을 (다른 판매처보다) 싸게 팔다.

A big supermarket can usually undersell a small local store.

동네 주유소　　Target
　　　　　　　　Walmart

$ 1.49 each　　　3 for $ 3.49

더 많은 표현 보기

저희는 그렇게 싸게 못 팔아요.

We'll not **be undersold**.

아이패드나 갤럭시탭 1세대 제품들은 현재 그 이하 가격으로 팔리고 있어.

The first generation goods **are being undersold** by others.

참고 우리 가게가 제일 싸요.

We'll meet or **beat anyone's prices**.

다 해서 얼마에요?

my total (계산해야 할 곳에서 tax를 포함한)
지불해야 할 총 금액

더 많은 표현 보기

다 해서 얼마에요?
How much is **my total**?

참고 제가 얼마를 내면 되죠?
What do **I owe you**?
How much do **I owe you**?

참고 내 연봉은 6만 달러야.
My total income is about sixty thousand a year.

동전으로 좀 바꿔 주세요.

in coins   동전으로

더 많은 표현 보기

삼성이 애플에게 1조원을 동전으로 배상한다.
Samsung pays Apple $1 Billion **in coins**.

마트에서 동전으로 다 지불했어.
We paid **in coins** at the market.

참고 자판기에 동전을 넣었는데요. 그냥 다시 나오네요.
I **put a coin in** a vending machine, but it came out again.

얼마짜리로 바꿔 드릴까요?

How would you like ~ ?   ~은 어떻게 할까요?
  어떤 걸 선호하세요?

How would you like your money?

Small bill로 부탁해요.

더 많은 표현 보기

잔돈을 어떻게 드릴까요?
How would you like to change it?

커피는 어떻게 드시나요?
How would you like your coffee?

참고 큰 걸(지폐)로 드려요? 작은 걸(지폐)로 드려요?
Large bills or small bills?
Large bill은 **50달러, 100달러**를 말하고,
Small bill은 **20달러, 10달러, 5달러, 1달러**짜리들을 말한다.

당신이 설거지 한다고 했었잖아요.

You said you'd ~   ~한다고 네가 말했다.
                    (하지만 결국에는 안했었다)

열시까지 온다고 했었잖아요.
You said you'd be here at 10.

당신이 아이들 데리고 동물원간다고 했잖아요.
You said you'd take the kids to the zoo.

네가 계산한다며?
You said you'd pay.

알람 무시하고 그냥 잤어요.

sleep through   깨지 않고 자다.
   잠자고 있어 ~을 모르다.

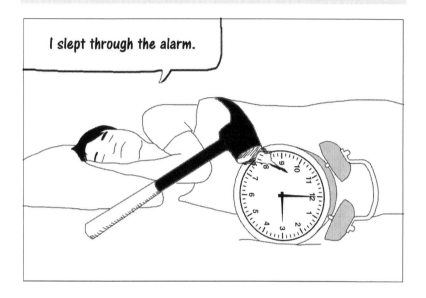

I slept through the alarm.

더 많은 표현 보기

우리 아기들은 한번 잠들면 쭉 자.
My babies **sleep through**.

동물들이 긴 겨울잠을 자려고 준비하고 있는 거야.
The animals are getting ready to **sleep through** the long cold night.

참고 하마터면 늦잠 잘 뻔 했다.
I almost **overslept**.

부모가 된다는 것은 쉽지 않아.

It's 형용사 **to** 동사   ~하는 것은 ~하다.

> It's not easy being a parent.

더 많은 표현 보기

지나치기 쉬워.

It's easy to miss.

결정하기 어려워.

It's hard to decide.

이해하기 어려워.

It's difficult to understand.

영화 언제 시작해요?

더 많은 표현 보기

영화 8시에 시작합니다.	**The movie starts** at 8:00.
상영시간은 어떻게 되요?	What's **the show time**?
이 영화 등급이 뭐죠?	What's **the movie rated**?
이 영화는 12세 관람 가입니다.	The movie **is rated PG-13**.

참고 미국 영화 등급 중 3가지만 설명해 드릴게요.

G : **General Audiences** 모든 연령이 관람 가능한 등급

PG-13 : **Parents Strongly Cautioned** 13세 이하 어린이는 부모의 지도가 필요한 등급

R : **Restricted** 일반적으로 성인용 등급, 미성년자가 보기에 는 부적절하지만 성인동반 판단 보호 하에 이루어지면 괜찮음

여기 빈자리인가요?

미국에서는 사람 주어보다는
사물 주어 형태의 수동태를 더 즐겨서 쓴다.

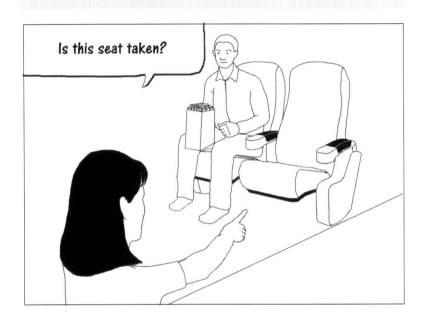

Is this seat taken?

더 많은 표현 보기

자리맡아 놓은 거예요.
  It is taken.

이 사진 언제 찍었어?
  When **was this picture taken**?

이거는 어떻게 먹는 거예요?
  How **is this eaten**?

제가 한번 알아볼게요.

look into ~ (문제를 알아보기 위해서)
~을 주의 깊게 보다.

더 많은 표현 보기

설명서를 충분히 보시지 않으셨네요.
You didn't **look into the manual** enough.

참고 한번 알아보고 말씀드릴게요.
I'll **let you know as soon as I find out**.

참고 전화나 이메일로 연락 주셔도 되요.
You can **reach me** on my cell or my email.

내가 한번 훑어볼게.

go over ~   ~이 맞는지 생각하고 확인하다.

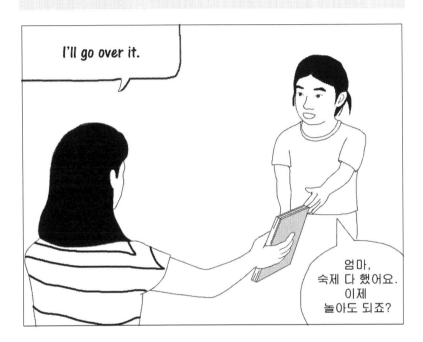

I'll go over it.

엄마, 숙제 다 했어요. 이제 놀아도 되죠?

더 많은 표현 보기

숙제내기 전에 한번 확인해 봐.

Go over your work before you hand it in.

내가 꼭 했어야 했던 말을 다시 한 번 정확히 생각해 봤다.

Once again I **went over exactly what I needed** to say.

약도 한번만 봐주시겠어요?

Would you **go over the directions** for me?

Emma는 참 잘 베풀어.

주어 + **be동사** + 형용사는 그 사람의 성품을 표현할 때 쓴다.

나 한국 갔다왔어.

Emma is giving.

요리를 많이 해서.

더 많은 표현 보기

Emma는 참 잘 베풀어.
Emma is **a very giving person**.

Ethan은 참 잘 생겼어.
Ethan is **good looking**.

Olivia는 편한 사람이야.
Olivia is **easy-going**.

남편 분은 어떤 분이세요?

What ~ like? (상태, 형편 등) ~는 어떤 사람이야?

더 많은 표현 보기

Andrew는 어떤 사람이야?
What's Andrew like?

난 어떠냐고?
What am I like?

참고 Liam은 어떻게 생겼어?
How does Liam **look?**
What did Liam **look like?**

전 상상밖에 할 수가 없네요.

더 많은 표현 보기

난 상상도 못하겠다.

I **can't imagine**.

이게 그 부모들한테 얼마나 힘들었을지 상상도 할 수 없어.

I **can't imagine** how hard this is on the parents.

그 부모들한테 얼마나 끔찍했을지 상상밖에 못하겠어.

I **can only imagine** how horrible it is for the parents.

난 너 없는 삶은 생각조차 못하겠어.

I **can't imagine** living without you.

참고 두 문장 다 상대방이 어려움에 처해있을 때 전하는 말이다.

뭘 이런 걸 가져와? 안 그래도 되는데.

shouldn't have ~　　~하지 말았어야 했는데
　　　　　　　　　　　(결국에는 ~을 했다.)

더 많은 표현 보기

참고 별 거 아닌데 뭘.
　It's nothing really.

너 그 마지막 케이크 한 조각을 먹는 게 아니었어.
　You **shouldn't have had** the last piece of cake.

아빠가 소리치지 말았어야 했는데. 미안해.
　I **shouldn't have shouted** at you. I apologize.

무슨 일로 오셨어요?

be동사 + here for ~   ~하러 여기 오다.

더 많은 표현 보기

무슨 일로 오셨어요?

Why **are** you **here**?

What **do** you **come here for**?

What have you **come here for**?

What **brings you here**?

쟤가 여기는 무슨 일로 왔데?

What does she **come here for**?

건강 검진 받으러 왔습니다.

I'm here for + 명사 / **to** + 동사   ~하러 왔다.

더 많은 표현 보기

자동차 점검 받으러 왔습니다.

I'm **here for the safety inspection**.

Dr. Peyton을 만나러 왔습니다.

I'm **here to see** Dr. Peyton.

제 딸을 데리러 왔습니다.

I'm **here to pick up** my daughter.

어느 은행과 거래하세요?

bank with ~   ~ 은행과 거래하다.

더 많은 표현 보기

참고 어느 은행으로 거래하세요?

Where do you **bank**?

Where do you **have your bank account**?

참고 어느 회사 보험이세요?

What insurance do you have?

왜 이렇게 늦게 와?

How come ~   왜, 어쩌다 ~한 거야?

왜 이렇게 늦게 와?

Why are you so late?

How do you come to be so late?

What took you so long?

모두가 좋아할 거야.

미국에서는 애정이 아니더라도 **love**를 자연스럽게 쓴다.

더 많은 표현 보기

모두가 좋아하진 않을 거야.

Not everyone will **love it**.

너 이거 정말 좋아할 거야.

YGLT (You're Gonna **Love This**, 채팅 약어)

나 이거 너무 좋아.

I'm **Lovin' It**. (맥도날드 광고)

나 마음이 바뀌었어.

change of heart   심경의 변화

더 많은 표현 보기

왜 갑자기 마음이 바뀌었어?

What's **the sudden change of heart**?

Isabelle이 마음이 바뀌어서 머물기로 결정했어.

Isabelle had **a change of heart** and decided to stay.

여자들은 남자 친구가 군대 간 사이에 변심한데.

She has **a change of heart** while her boyfriend is in the army.

좀 전에 말한 것은 취소하고요.

take ~ back　　(잘못 말한 것을) 정정한다.

I take back what I said.

5번 말고
2번으로 주세요.

더 많은 표현 보기

취소하려 했지만 너무 늦었어요.

I tried to **take it back**, but it was too late.

그래, 그거 다 취소할게.

Okay, I **take it all back**.

야. 너 그 말 취소해.

You'd better **take back that**.

난 아무한테도 안 져.

unbeatable   (팀이나 선수 등이) 패배시킬 수 없는, 무적의

더 많은 표현 보기

볼링에 있어서는 무적이지.

I'm **unbeatable at bowling**.

이번 판은 내가 이길 거야.

I'll **beat you** this time.

너 나 못 이겨.

You can't **beat me**.

난 승패에 얽매이는 사람이 아니야.

good sport (게임이나 스포츠에서)
졌어도 화내지 않는 사람

더 많은 표현 보기

정정당당히 하자.
Be a good sport.

승자가 되는 것도 좋지만, 좋은 선수가 되는 게 더 중요하다.
Being a winner is great, but being **a good sport** is more important.

참고 William은 좋은 결혼 상대자였어요.
William was **a good catch**.

조금만 기다려 줘.

더 많은 표현 보기

하루만 더 참아주세요.

Please **bear with me** another day.

Bear with me. 는 하고 있는 일이 끝이 날 때까지 기다려 달라고 정중하게 요청할 때 쓴다.

참고 기다리게 해서 죄송해요.

I'm sorry to **keep you waiting**.

참고 기다려 주셔서 감사합니다.

Thank you for **being patient**.

커피 한잔 할래?

Would you care for 명사 / **to do** 명사
(상대방이 원하는지를 묻는) ~ 하시겠어요?

더 많은 표현 보기

주문하시겠어요?
Would you care to order now?

참고 커피 어디서 팔지?
Where can I **find coffee**?

참고 설탕 좀 건네줘.
Pass me the sugar.

내가 뭘 어떻게 해야 할까?

be동사 supposed to는 기대와 예정 등의 의미는 있지만, 상대방이 부담스럽지 않게, 기대한다거나 예상한다고 직접적으로 말하지 않고 부드럽게 쓰는 표현이 된다.

What am I supposed to do?

내 맘에 쏙 들게 알아서 잘하면서 뭘 물어?

더 많은 표현 보기

우리 7시에 만나기로 했었잖아.
We **were supposed to meet** at 7.

너 없이 난 어떻게 살라고?
How **am I supposed to live** without you?

그 사람은 알고 있을 거야.
He's **supposed to know**.

우리는 죽이 잘 맞아.

hit it off (with ~)   (두 사람의 경우) ~와 죽이 맞다.

더 많은 표현 보기

나는 걔랑 사이가 좋아.
I **hit it off with her**.

나는 걔랑 사이가 안 좋아.
I **hit it off badly with him**.

난 너랑 James랑 죽이 잘 맞을 줄 알았어.
I knew you'd **hit it off with James**.

우리 어디서 시간 보낼까?

hang out ~   ~에서 시간을 보내다. ~와 시간을 보내다.

더 많은 표현 보기

우리 남편은 애들과 같이 몰에서 시간을 보내요.

My husband **hangs out with the kids** at the mall.

엄마가 너랑 다니지 말래.

My mom doesn't want me to **hang out** anymore.

전 애들이 누구랑 노는지 잘 모르겠어요.

I don't really know **who they hang out with**.

우리 어디로 가는 건가요?

head for ~   ~로 향하다.

더 많은 표현 보기

버지니아 페어팩스로 갑니다.

I am **heading for Fairfax**, VA.

키 웨스트의 배들은 쿠바로 갑니다.

The ships in Key West **head for Cuba**.

집으로 가자.

Let's **head for home**.

여기에서 좀 세워줄래?

pull over   (길 한쪽으로) 차를 대다.

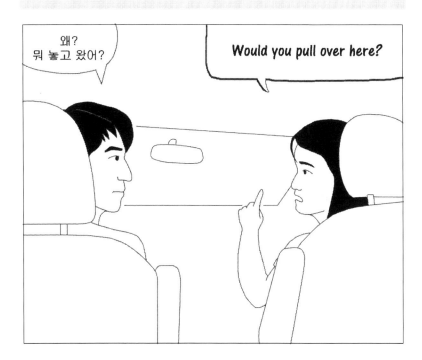

더 많은 표현 보기

참고 여기에서 세워주세요.

Drop me off here, please.

Please, **let me off here**.

(삐뽀삐뽀 경찰이) 저쪽에 차 세워요.

Can you **pull over** your car there?

내 아이폰 봤어?

우리말의 경우 일상 대화에서 과거는 완료, 경험, 결과, 계속에
관련된 내용이 대부분이다.
이럴 경우에 영어에서는 현재완료로 쓴다.

Have you seen my iPhone?

더 많은 표현 보기

오늘 Isabella 못 봤는데.
 I**'ve never seen** Isabella.

나 김치 안 먹어 봤어.
 I**'ve never had** Kimchi.

나 뉴욕 못 가 봤어.
 I**'ve never been** to New York.

한국에 가 봤니?
 Have you been to Korea?

그 사람 아직 안 잡혔데.

at large   (위험한 사람이나 동물이)
도주하는, 아직 잡히지 않은

더 많은 표현 보기

그 탈옥수들은 아직 도주 중이래.

The escaped prisoners are still **at large**.

참고 그 사람 잡혔어.

He's **in custody**.

참고 그 사람 일주일동안 구속됐었어.

He was kept **in custody** for a week.

나 오늘 누구 만났게?

run into ~   ~를 우연히 만나다.

더 많은 표현 보기

나 코스트코에서 Lucy를 만난 거 있지.
  I **ran into Lucy** at Costco.

나 길에서 헤어진 여자 친구를 5년 만에 만났어.
  I **ran into my ex(-girlfriend)** on the street after 5 years.

집에 오는 길에 안개가 잔뜩 끼었어.
  We **ran into thick fog** on the way home.

자기가 마지막으로 간 게 언제였지?

When was the last time ~
~을 마지막으로 한 게 언제지?

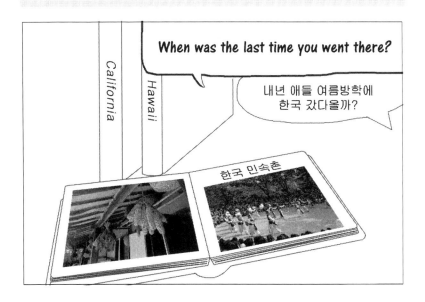

When was the last time you went there?

내년 애들 여름방학에
한국 갔다올까?

California

Hawaii

한국 민속촌

더 많은 표현 보기

참고 우리 거기 간 지 얼마나 됐지?

How long has it been since you went there?

이 차 언제 마지막으로 엔진 오일 가셨나요?

When was the last time you changed the oil?

한국에 있는 친구한테 마지막으로 소식들은 게 언제야?

When was the last time you heard from your friends back home?

나 지금 병원이야. (입원했어.)

in the hospital   입원하여

더 많은 표현 보기

참고 나 지금 병원이야. (병문안 왔어.)

I'm **at the hospital**.

손가락에 가시가 박혔어.

**have는 질병, 부상, 통증으로부터
고통을 느끼는 것들을 표현할 때 쓴다.**

I have a splinter in my finger.

더 많은 표현 보기

팔에 멍이 들었어.

I **have a bruise** on my arm.

다리가 부러졌어.

I **have a broken leg**.

참고 나 깁스를 해야 돼.

I have to **wear a cast**.

진통제 좀 주세요.

painkiller, pain reliever 진통제

더 많은 표현 보기

진통제 좀 주세요.

Can I have some **pain relievers**?

참고 해열제 좀 주세요.

I need **a fever reducer**.

참고 소화제 좀 주세요.

Could you give me some **digestive medicines**?

이 약을 드시면 졸릴 수도 있어요.

drowsy   피곤하고 졸리는

This tablets can make you feel drowsy.

더 많은 표현 보기

너무 졸려서 말을 못하겠네.
I'm so drowsy I can't talk.

잠이 안 오면 책을 읽어 봐.
Read 'til you **become drowsy** and fall asleep naturally.

졸음운전은 자동차 사고의 큰 문제야.
Drowsy driving is a major cause of auto crashes.

결국엔 병원에 입원하게 됐어.

end up ~   (계획하지 않았지만) 결국엔 ~되다.

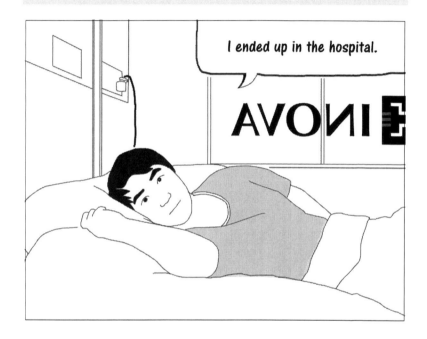

더 많은 표현 보기

소금 많이 치지 마. 고혈압에 걸리게 돼.
Don't oversalt. You'll **end up with hypertension**.

그는 결국엔 대통령이 되었어.
He could **end up as President**.

난 나중에 우리 부모님 같은 엄마, 아빠가 될 거야.
I want to **end up like my parents**.

아파?

더 많은 표현 보기

아파.	**It hurts.**
안 아파.	**It doesn't hurt.**
어디가 아파요?	**Where does it hurt?**
등이 아파요.	**My back hurts.**
정말 엄청 아파요.	It **hurts** like mad.
	It **hurts** like hell.

아빠 낮잠 자느라 방에 있어.

주어 + be동사 + ~ing + 전치사 + 장소. 보다
주어 + be동사 + 전치사 + 장소 + ~ing. 를 더 많이 쓴다.

He's in the room taking a nap.

더 많은 표현 보기

샤워하느라 화장실에 있었어.

I was **in the bathroom taking a shower**.

밥 먹으려고 주방에 있었어.

I was **in the kitchen having lunch**.

아이 수업하는 거 구경하느라 학교 갔었어.

I was **at the school watching her class**.

이거 한번 먹어 봐.

give ~ a shot / try   (어려운) ~를 시도하다.

더 많은 표현 보기

한번 입어 봐도 되죠?
　　Can I **try it on**?

참고 우리는 아주 조심스럽게 해 보는 중이야.
　　We are **dipping our toes in difficult water**.

참고 걱정 말고 한번 해 봐.
　　Don't worry, just **go for it**.

이거 그리 맵지 않아.

not that / so / very ~   ~인 것은 아니다.

더 많은 표현 보기

이거 그리 매운 것은 아니야.
It's **not so spicy**.

오늘 그렇게 춥진 않아.
It's **not that cold** today.

살아가는 게 그리 만만치 않네.
Life is **not that easy**.

나 매운 거 잘 못 먹어.

not care for ~   ~를 좋아하지 않는다.

더 많은 표현 보기

난 클래식 음악은 별로야.

I **don't care for classical music**.

참고 매운 음식 짱 좋아해.

I **love spicy food**.

참고 클래식 음악만 들어.

I **love classical music**.

나 요즘 LOL에 푹 빠졌어.

fall for ~   ~에 홀딱 반하다.

더 많은 표현 보기

그들은 보자마자 서로에게 반했어.
They **fell for each other** instantly.

축제에서 일하면서 Anna를 만났고, 사랑에 빠진 게 여름이었어.
That was the summer I worked at the fairground, and met and **fell for Anna**.

참고 속아 넘어가지 마.
Don't **fall for it**.

얼른 결정해.

make up one's mind
(둘 또는 그 이상의 것 중에서 생각한 후) 결심하다.

Just make up your mind.

더 많은 표현 보기

정하지 못하겠어.
I can't **make up my mind**.

아직도 못 정했어.
I haven't **made up my mind** yet.

결정했어.
My mind is made up.

나 오늘 쉬는 날이야.

day off   (근무, 일을) 쉬는 날

더 많은 표현 보기

나 내일 쉬어서 골프하러 가.

Tomorrow is **my day off** and I'm gonna play golf.

참고 나 오늘 쉬는 날이야.

I'm **off today**.

참고 나 내일 쉬어.

I'm **off tomorrow**.

바람맞히지 마.

stand ~ up   (만나기로 약속한) ~을 만나지 않다.

더 많은 표현 보기

노는 날 Sophie를 보기로 했는데, 걔가 나 바람맞혔어.

I was supposed to meet Sophie on my day off, but she **stood me up**.

네가 날 바람맞히는 게 아닐까 생각했어.

I thought you were going to **stand me up**.

널 일부러 바람맞힐 생각은 아니었어.

I didn't mean to **stand you up**.

나 진짜로 충격 받았어.

be동사 shaken up   (충격으로) 흔들리다.

더 많은 표현 보기

너 진짜 많이 놀란 모양이구나.
You **look really shaken up.**

그 직원 상당히 놀랐어.
That employee **is pretty shaken up.**

그 소식 듣고 걔 엄청난 충격에 빠졌어.
She **was badly shaken up by the news.**

지금 막 전화하려던 참이었어.

be동사 about to ~ 막 ~하려는 참이다.

전화 배터리가 없었어.
지금 막 충전이 되서...

I was just about to call you.

66이랑 495는 완전 막혀서..
오라버니야암, 10분만 기다려.

어디얏?

더 많은 표현 보기

지금 막 가려던 참이었어.
I **was about to leave**.

참고 전혀 그럴 생각 없는데.
I**'m not about to do** that.

참고 난 그만 둘 생각 없는데.
I **am not about to resign**.

예약 시간을 오후 6시로 옮겨도 될까요?

move (약속, 만남 등의 시간을) 옮기다.

Could we move your appointment up to 6 p.m.?

더 많은 표현 보기

오후 6시로 예약 시간을 바꿔도 괜찮을까요?

Would you mind **moving my appointment up to 6 p.m**?

약속 시간을 한 시간 뒤로 미루고 싶어요.

I'd like to **move my appointment an hour back**.

일이 늦게까지 있어서 늦었어. 미안해.

hold ~ up   ~을 미루다.

더 많은 표현 보기

교차로에 차 세우지마. 우리가 교통을 방해하면 안 되잖아.
Don't block the box. We don't have to **hold up the traffic**.

사슴 때문에 교통이 마비됐어요.
Traffic was held up by deer.

미팅이 지연됐었어.
I **was held up at a meeting**.

나 지금 66번에서 멈춰서 있어.

stuck in traffic   교통 정체된

더 많은 표현 보기

참고 지금 교통이 혼잡한 시간이잖아.

It's **rush hour** now.

나 한 시간이나 멈춰서 있었어.

I was **stuck in traffic for an hour**.

Joshua가 길이 막히나 보다.

Joshua probably **got stuck in traffic**.

저희 저쪽 자리로 옮겨도 될까요?

move over　　(다른 사람에게 공간을 만들어 주기 위해)
　　　　　　　자리를 바꾸다.

더 많은 표현 보기

저 저 자리로 가도 되나요?

　Can I **move to that seat over there**?

자리를 옆으로 조금만 옮겨 주시겠어요?

　Could you **move over a little**?

이 식탁을 저쪽으로 옮겨야겠어.

　I need to **move this dining table over there**.

이쪽으로 오세요.

way (현재 있는 장소에서) 특정한 방향 쪽으로

더 많은 표현 보기

참고 이쪽으로 오세요.

Follow me, please.

이쪽으로 쭉 걸어가세요.

Walk **this way**.

양쪽 다 확인하면서 길을 건너라.

Cross the street, **looking carefully both ways**.

자러 갈 시간이야.

It's time to do ~ / It's time for ~   ~를 할 시간이야.

더 많은 표현 보기

자러 갈 시간이야.

It's **time for you to go to bed**.

일어날 시간이야.

It's **time to get up**.

학교 갈 시간됐어.

It's **time to go to school**.

자려고 누웠어요.

in bed   잠자리에 눕다.

더 많은 표현 보기

참고 자려고 누웠어요.

I **lie down on the bed.**

Henry가 아파서 누워있어.

Henry is **ill in bed.**

제 딸들은 잠자리에서 책을 읽어요.

My daughters **read in bed**.

어제 (내가 기술자를 불러서) 컴퓨터 고쳤어.

have + 목적어 + p.p   (사역동사) ~시키다, ~되게 하다.

I had the computer fixed yesterday.

Good morning, Mr. Kim.
어? 컴퓨터... 되네?

더 많은 표현 보기

어제 (내가 직접) 컴퓨터 고쳤어.

  I **fixed the computer** yesterday.

어제 (미용실에 가서) 머리 잘랐어.

  I **had my hair cut** yesterday.

어제 (내가 직접) 머리 잘랐어.

  I **cut my hair** yesterday.

가서 잘 살아야 해. 행운을 빌어.

더 많은 표현 보기

행운을 빌어. 잘해봐.
Break a leg.

행운을 빌어.
I **wish you good luck.**
Lots of luck.

내가 잘 되도록 빌어줘.
Keep your fingers crossed for me.

몸이 훨씬 좋네.

feel   (좋다, 아프다, 행복하다, 슬프다 등의 감정을) 느끼다.

더 많은 표현 보기

몸 상태가 안 좋네요.

I'm not **feeling well**.

아, 어지러워.

I **feel dizzy**.

오늘 컨디션 별로인데.

I'm **feeling (a bit) under the weather**.

내일은 학교 가는 날이야.

school night는 다음 날 학교에 가야 하는
전날 밤을 이야기할 때 쓴다.

더 많은 표현 보기

내일 일 가야 해요.

It's **a work night**.

널 빨리 보고 싶다.

can't wait to ~   ~하기를 너무 바란다.

더 많은 표현 보기

아이들은 빨리 크리스마스가 오길 바란다.
   The children **can't wait for Christmas to come**.

당장 이사 가야겠습니다.
   I **can't wait to move in**.

아들 하나가 꼭 있었으면 좋겠어.
   I **can't wait to have a son**.

좋은 소식 기다릴게.

look forward to ~
　　　~를 기대하다, ~를 즐거운 마음으로 기다리다.

더 많은 표현 보기

주말이 기대돼.

I'm **looking forward to the weekend**.

우리는 추수감사절 파티를 손꼽아 기다려.

We're **looking forward to the Thanksgiving** party.

우리 2년 후에 만나.

I **look forward to meeting you** in two years.

제게 연락 좀 부탁드려요.

get back to ~   ~에게 다시 연락하다.

Please get back to me.

더 많은 표현 보기

가능한 빨리 연락드리겠습니다.

We'll **get back to you** as soon as we can.

알게 되면 바로 너한테 알려줄게.

I'll **get back to you** as soon as I find out.

남편 분께 제게 연락 좀 하라고 전해주세요.

Please **have him get back to me**.

좋을 대로 해.

have it one's way   (원하는 것을 하라고) 허락하다.

> Have it your way.

> 엄마, 우리 이거 먹어도 돼?

더 많은 표현 보기

Mason은 항상 자기 마음대로 해.
  Mason always **has to have it his way**.

내 마음대로 하게 놔둬.
  Let me **have my way**.

항상 네 직성대로 해야 되겠어? 응?
  You always **have to have it your way**, huh?

되든 안 되든 내가 한번 해볼게.

take the / one's chance   (기회를 이용해) 한번 해보다.

더 많은 표현 보기

되든 안 되든 한번 해봐.
Take your chance.

수영하기에 그리 추운 거 같지 않은데. 한번 가볼까?
It's not too cold to swim. Let's **take the chance** and go.

아직 젊을 때 여행을 해봐.
You should **take the chance to travel** while you're still
young.

혹시 그거 가지고 있니?

by any chance 혹시나

더 많은 표현 보기

혹시 금요일 파티에 올 수 있어?

Any chance of you coming to the party on Friday?

혹시 David이세요?

Are you David, **by any chance**?

이거 혹시 마샬에서 사지 않았어?

Did you buy this at Marshalls **by any chance**?

아~ 아깝다.

what a waste는 효과적이고, 실용적이고, 합리적인 곳에
돈이나 기술 등을 제대로 쓰지 못했을 때 쓴다.

더 많은 표현 보기

시간 낭비했네.

What a waste of time.

종이 아껴 써, 아까워.

What a waste of paper.

일을 그만 두는 건 네 재능을 썩히는 일이야.

Being unemployed is **such a waste of your talents**.

오늘 외식하자.

eat out   (집이 아닌 레스토랑에서) 외식하다.

더 많은 표현 보기

얼마나 자주 외식해?
  How often do you **eat out**?

오늘 저녁 나가서 먹을까?
  Shall we **eat out** tonight?

외식 좋아하지 않아.
  I hate **eating out**.

밖에서 먹는 건 소화가 안 돼.
  Eating out gives me indigestion.

지금 손님 와 계셔.

company   (집에 온) 손님

안녕하세요. Mr. Kim.

I have company.

잠시만요.
전화가 와서.
죄송합니다.

더 많은 표현 보기

누가 와 계시면 얌전히 좀 있어.

Be a good boy **while we have company**.

손님 있는 줄 몰랐어요.

I didn't realize **you had company**.

같이 있어줄까?

Do you want me to **keep you company**?

무슨 일 하세요?

occupation은 공식적인 양식에 주로 사용된다.

더 많은 표현 보기

무슨 일 하세요?

What's **your job**?

What's **your occupation**?

아래 박스에 성함, 나이, 직업을 적어주세요.

State your name, age, and occupation in the box below.

직책이 어떻게 되세요?

job position은 다른 일을 하고 있는 사람에게
이 일에 대해 설명할 때 많이 쓴다.

더 많은 표현 보기

직책이 어떻게 되세요?

What's your position at work?

What do you do at work?

난 이 자리가 감당이 안 될 거 같아.

I don't think I can handle **this job position**.

오늘 늦었더니 상사가 난리치는 거 있지.

hit the ceiling / roof   격하게 화나다, 최고에 달하다.

더 많은 표현 보기

남편이 내 말에 대꾸를 안 하니까 열 받더라고.

I **hit the ceiling** as my husband didn't answer my question.

오늘 매상 최고치 찍었어.

Sales hit the ceiling.

시어머님이 화나셨겠네.

Mother-in-law **must have hit the roof**.

나 회사에서 잘렸어.

pink slip   해고 통지서

더 많은 표현 보기

그러다가 너 회사에서 잘려.

You're gonna **get a pink slip**.

다음 해고자는 당신이 될 수도 있어요.

The next pink slip might be yours.

네가 다른 사람을 해고할 권한이 있어?

Do you have a power to **give a person the pink slip**?

너도 내 입장이 되어 봐.

put oneself in another's shoes   (남의) 입장이 되어보다.

더 많은 표현 보기

난 걔 입장 이해하려고 노력했어.

I tried to **put myself in her shoes**.

내가 너희들의 입장에서 생각해 볼게.

I will try to **put myself in your shoes**.

참견 마. 신경 꺼.

put one's finger in another's pie   (남의 일에) 간섭하다.

더 많은 표현 보기

참고 그만 간섭해.

Stop **putting your bib in my life**.

참고 내 아픈 곳을 찔렀어.

You've **put your finger in my wound**.

우리 사이 안 좋아.

have a falling-out (with ~)   ~와 다투다.

> We had a falling-out.

더 많은 표현 보기

Ava와 Noah 사이 안 좋아.
Ava had a falling-out with Noah.

걔네들 싸워서 지금 서로 말도 안 해.
They had a falling-out and now they don't even talk to each other.

그건 오해야.

misunderstanding   오해, 착오

> That's a misunderstanding.

> 오해라고?
> 알면서도 모르는 척하고
> 10개월을 지켜봤는데?

더 많은 표현 보기

참고 그건 오해야.

You get me wrong.

내 말 오해하지 마.

Don't **misunderstand me**.

Don't **get me wrong**.

아무런 오해 없기를 바라.

I don't want there to be **any misunderstanding**.

네 얘기하는 것도 아니고, 사적인 감정이 있어서도 아니니까 기분 나쁘게 듣지 마.

take ~ personally

(말이나 행동 등) ~을 기분 나쁘게 받아들이다.

더 많은 표현 보기

별로 심각하게 받아들이지 않아.

I **don't take it personally**.

너 말조심해.

watch ~ (원치 않는 상황이나 사건을 피하기 위하여) ~를 조심하다.

더 많은 표현 보기

너 말조심해.
Watch your mouth.
Mind you language.

직원들은 개인 email 상에서 하는 말을 조심해야 한다.
Employees **should watch what they say** in personal e-mails.

그런 거 신경 쓰지 마.

get ~ down   ~를 불행하게 지치게 만들다.

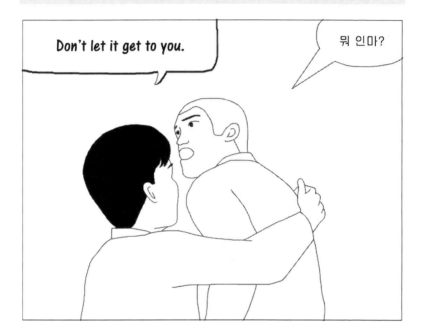

더 많은 표현 보기

그런 거에 기죽지 마.

Don't **let it get you down**.

기죽지 마.

Don't **put yourself down**.

기죽을 필요 없어.

There's **no need to put yourself down**.

울지 마. 그런 걸로 울 건 아니지.

be동사 not worth it은 무엇을 해도
그것으로부터 얻을 만한 게 없을 때 쓴다.

더 많은 표현 보기

날 안 기다려도 돼. 그럴 필요 없어.
Don't wait for me. **It's not worth it.**

하지만, 그건 그만한 값을 하지.
But **it's worth it.**

그게 그만한 가치가 있었어?
Was it worth it?

자존심 구겨졌어.

hurt one's pride   ~의 자존심을 상하게 하다.

더 많은 표현 보기

네가 걔 자존심을 건드린 거 같아.
  You **must've hurt his pride**.

그 일로 내 자존심 완전 구겨졌어.
  That incident **hurt my pride severely**.

난 네 자존심 건드리려고 한 게 아니었어.
  I didn't mean to **hurt your pride**.

이제 그만. 그쯤 해둬.

더 많은 표현 보기

이제 그만. 그쯤 해둬.

Enough is enough.

I've had **enough**.

That will do.

No father.

음료수는 필요 없어요. 물이면 되요.

~ will do. ~으로 충분하다. ~이면 된다.

더 많은 표현 보기

100달러면 되겠어?

Will 100 dollars do you?

물로 갖다 주세요.

I'd like some water, please.

참고 물 더 안 주셔도 되요. 충분히 있어요.

Water is enough.

이거 시키면 음료수가 같이 나오나요?

come with ~   ~이 포함되다.

Does it come with drink?

더 많은 표현 보기

9달러 99센트에 음료, 마늘빵, 샐러드가 같이 나옵니다.

It **comes with a drink, garlic bread and a garden salad for nine ninety-nine**.

마실 것도 갖다 줄까?

You want **something to drink with it**?

노홍철은 초콜릿을 미치도록 먹고 싶어 해.

crave   간절히 극도로 원한다.

Noh Hong-Chul is craving chocolate.

더 많은 표현 보기

너 신선한 공기 좀 마셔야할 거 같아.

You may **be craving some fresh air**.

아, 고기 먹고 싶어 죽겠어.

I'm craving steak.

진심으로 하는 말이야.

mean business   ~하는 것에 대해 진심이다.

더 많은 표현 보기

진심으로 말이야.
  I **mean it**.

이번엔 진짜야. 농담하는 거 아니야.
  This time I **mean it**.

난 한다면 하는 사람이야.
  When I say I will do it, I **mean business**.

참고 내 말이 그 말이야.
  That's **what I mean**.

걔는 진짜 대단해.

have to hand it to ~ ~를 칭찬, 인정할 만하다.

더 많은 표현 보기

너희 가족 대단한 건 알아줘야 해.

I **have to hand it to you and your family**.

그래서 결론이 뭐야?

the bottom line   최종 결과

더 많은 표현 보기

이게 결론이야.

Here's the bottom line.

결론은 우리가 그를 보내야 한다는 거지.

The bottom line is we have to let him go.

가정을 책임지는 가장들은 '요지는 돈'이라고 말합니다.

The householder notes **the bottom line is money**.

일이 뜻대로 안되네.

work out   (문제나 상황 등이) 호전되다.

더 많은 표현 보기

다 잘 될 거에요.

  It'll **work out in the end**.

우리는 잘 풀릴 거야.

  We'll **work this thing out**.

나만의 해결 방법이 있지.

  I have my **way of working things out**.

마음 단단히 먹어.

brace (예기치 않은 일이 벌어질 것에 대해) 준비하다.

더 많은 표현 보기

엄청 춥고 긴 겨울을 단단히 준비해.
Brace yourself a long cold winter.

그것에 대비해서 마음 단단히 먹고 철저히 준비해.
Brace yourself for that.
Get yourself ready for that.

미안한데 이해를 못했어요.

follow　　(설명 또는 이야기 등을) 이해하다.

더 많은 표현 보기

내 말 알겠니?
　Do you **follow me**?
　Are you **following me**?

미안한데 이해를 못했어요.
　Sorry, **I can't catch you**.
　I'm afraid that **I'm not following you**.

참고 다시 한 번 말씀해줄 수 있으세요?
　Would you **go over the direction again**?

학교 잘 갔다 왔어? 어땠어?

더 많은 표현 보기

비행기로 오느라 힘들지 않았어?
How was your flight?

그 영화 어땠어?
How was the movie?

선 본 거 어떻게 됐어?
How was your blind date?

어제 결혼기념일 저녁 식사는 어땠어요?
How was your anniversary dinner last night?

당신 피곤하겠다.

tough day   참으로 힘든 하루

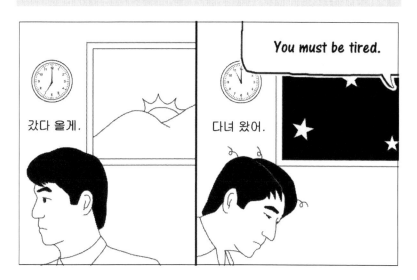

You must be tired.

갔다 올게.

다녀 왔어.

더 많은 표현 보기

오늘 진짜 힘든 하루였어.
I've had **a tough day**.

너 진짜 힘든 하루 보냈구나.
You had **a tough day**.

참고 힘들고 지친 하루였다.
It's been **such a long day**.

참고 오늘 하루 무척 지겹겠구나.
It'll be **a long day** for you.

너무 피곤해서 바로 잠들었어.

so tired (that) ~   너무 피곤해서 ~했다.

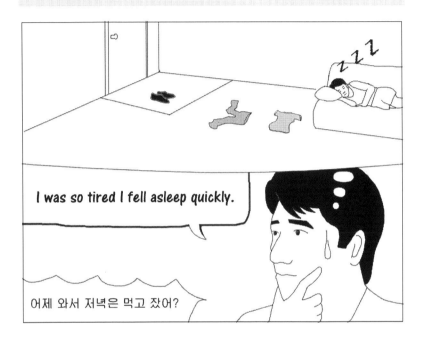

I was so tired I fell asleep quickly.

어제 와서 저녁은 먹고 잤어?

더 많은 표현 보기

피곤해서 못 버티겠다.

I am **so tired I can not hold out** any longer.

너무 피곤해서 소파에서 잠들었어.

I was **so tired I fell asleep** on the sofa.

힘들어 죽겠다.

I'm **so tired I could die**.

지루하다. (무엇인가가 나를 지루하게 해.)

boring 지루함을 주는 주체인지
bored 지루해하고 있는 객체인지

더 많은 표현 보기

난 지루한 사람이야. (느리게 말하고 재미없게 말하는 사람이야.)
I am boring.

이 영화 왜 이렇게 재미없어?
This movie is boring.

이 부분은 재미없으니까 빨리 넘기자.
This is boring, so fast forward.

그 가게 문 닫은 거 같던데.

must be는 직역하면 '~임에 틀림없다.' 이지만,
일상 대화에서는 '~인거 같은데.' 라는 표현을 많이 쓴다.

더 많은 표현 보기

물건이 비싼 것 같더라니.
It **must be expensive**.

신분증을 깜빡 잊어버리고 왔어요. 다른 옷에 있는 거 같아요.
I've forgotten my I.D. It **must be in my other suit**.

너 머리 어떻게 된 거 아니야? (비꼬는 듯한)
You **must be high**.

난 관심 없어.

interested in ~   ~에 관심 있는

더 많은 표현 보기

난 그런 것들은 관심 없어.

I am not **interested in that sort of thing**.

Chloe 별로 알고 싶지 않아.

I'm not **interested in Chloe** at all.

참고 제가 이 모델을 권해드려도 될까요?

Could I **interest you in this model**?

차 기름이 죽죽 줄고 있어.

run out of ~　　(부족해지고 있는 상태) ~이 없어지고 있다.

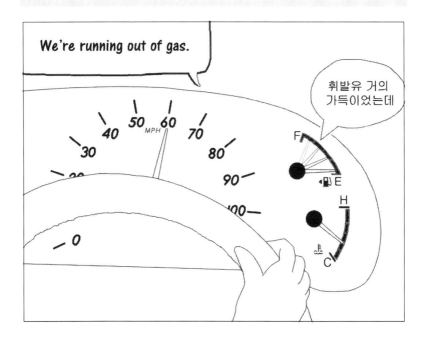

We're running out of gas.

휘발유 거의 가득이었는데

더 많은 표현 보기

우리 쌀 거의 다 먹어가.
　We're **running out of rice**.

시간이 다 되어가고 있어.
　We're **running out of time**.

거기에 이제 물건 쌓을 만한 자리가 없어.
　We're **running out of room** there.

차 기름이 얼마 없어.

be동사 low on ~   (이미 부족한 상태) ~이 얼마 안 남다.

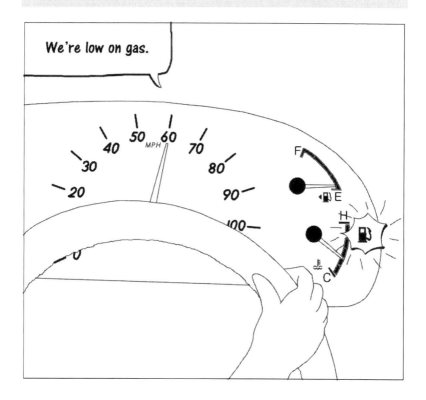

더 많은 표현 보기

현금이 부족해.

We're **low on cash**.

이 컴퓨터 메모리가 좀 부족해요.

This **computer is low on memory**.

차 기름이 똑 떨어졌어.

be동사 out of ~   남아있는 것이 전혀 없다.

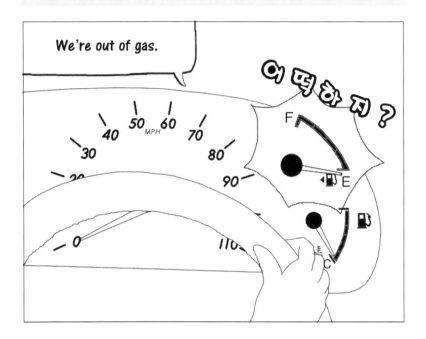

더 많은 표현 보기

쌀이 한 톨도 없어.
  We're **out of rice**.

지금 막 물건이 다 나갔습니다.
  We're **out of stock** at the moment.

요즘 딸기는 제 철이 아니야.
  Strawberries **are out of time**.

비올 거 같은데.

look like ~   ~한 것 같다.

더 많은 표현 보기

재방송 같은데.

Looks like re-run.

나이 40으로는 안 보이세요.

You don't **look like 40.**

대학생 같아 보이는데.

You **look like a college student.**

아들 하나 있으면 좋을 텐데. (현실 불가)

wish는 불가능한 걸 바람, 안타까움, 아쉬움
hope는 가능한 걸 바람, 미래에 대한 희망

더 많은 표현 보기

아들 하나 있으면 좋을 텐데. (가능)

  I **hope I have a son**.

그러면 좋겠지만 못 해.

  I **wish I could**.

자, 빨리 시작하자.

> Let's get moving.

다음 달 내 생일 파티 예약하러 가야지.

더 많은 표현 보기

이제 슬슬 시작해 보자.

Let's get started by and by.

내일 모이자.

Let's get together tomorrow.

자, 서두르자.

Let's get busy.

자, 출발하자.

Let's get going.

오늘 끝까지 놀아보자.

Let's get wasted.

제 딸이 다음 달이면 6살 되요.

turn   (특정한 시간, 특정한 나이가) 되다.

더 많은 표현 보기

저희 아버지는 다음 달에 67세 되세요.

My father turns 67 next month.

다음 달에 돌 되는 아들이 있어요.

We have **a son who will be turning 1-yr-old** next month.

우리 부부는 돌아가면서 애를 봐요.

take turns ~　　(교대로 돌아가면서) ~을 하다.

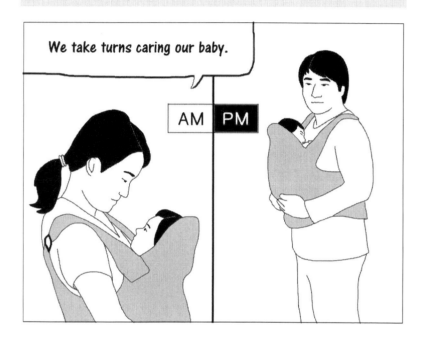

더 많은 표현 보기

우린 설거지를 번갈아 가면서 해.

We **take turns doing the dishes**.

아이들이 제각기 떠들기 시작했다.

The children started to **take turns saying** something.

참고 경찰들은 교대로 감시해.

Police officers **keep watch by turns**.

그거 오래되어서 손본다고 될 일이 아니야.

There's no point in ~ ~이 중요한 게 아니다.

더 많은 표현 보기

기다려 봐도 소용없어.

There's no point in waiting.

괜히 쓸데없이 모험할 필요 없잖아.

There's no point in taking unnecessary risks.

그거 가지고 흥분해 봐야 소용없는 짓이야.

There's no point in getting worked up about it.

절대로 안 돼.

absolutely   (강조할 때) 전적으로

더 많은 표현 보기

네 말이 다 맞아.

You're **absolutely right**.

참고 말도 안 되는 소리 하지 마.

No way.

미국 버스는 잔돈을 안 거슬러 줘.

exact change　　(거스르지 않는 정확한 금액의) 잔돈

The bus requires exact change.

더 많은 표현 보기

잔돈이 정확하게 필요해.

　You need **exact change**.

잔돈이 정확하게 있으면 빠른 차선으로 갈 수 있어.

　If we have **exact change**, I can get into a quicker lane.

참고 잔돈은 됐어요.

　Keep the change.

나 깜짝 놀라서 기절하는 줄 알았어.

blow ~ away   ~를 매우 놀라게 하다.

더 많은 표현 보기

내 사진보고 충격 받았어.

I **was blown away by** the photo.

아이맥스 영화 봐봐. 진짜 기가 막혀.

This is a must see in IMAX, it **blows you away**.

참고 레드스킨스가 40대7로 완전히 깨졌어.

Redskins **were totally blown away**, 40-7.

제가 한번 확인해 보겠습니다.

check 검토   **double-check** 재검토

더 많은 표현 보기

알아보고 전화 드리죠.

Let me check and get back to you.

다시 한 번 체크해 보겠습니다.

Let me double-check for you.

Zoe한테 다시 한 번 확인해 볼게.

Let me double-check with Zoe.

전화 감이 되게 멀어.

bad connection (전화 등의) 접속 불량, 혼선

더 많은 표현 보기

다시 말해줄래? 혼선됐던 거 같아.

Can you tell me again? **I had a bad connection** for a while.

잘 안 들리는데, 좀 더 크게 말해줄래?

We have a bad connection, would you mind speaking a little louder?

참고 이 지역은 전화가 잘 안 터지네.

The connection is bad in this area.

전화 통화하기 되게 힘드네.

get through　　전화통화하다.

더 많은 표현 보기

전화를 계속 했는데, 통화가 안 되더라고요.

I tried to call you, but **I couldn't get through**.

전화 통화 너무 오래 하지 마. 다른 데서 전화 오는 걸 못 받잖아.

Don't talk too long on the phone. **Other people can't get through**.

잠시만 기다리세요. 연결해 드리겠습니다.

Please hold the line and I'll **put you through**.

괜찮다니 정말 다행이에요.

I'm so glad.는 기쁠 때도 쓰지만,
다행스러운 일, 즉 안도할 때도 쓴다.

I'm so glad you're OK.

아들, 한국은 지금 홍수인데,
그래도 이 동네는 괜찮아.

전화 연결이 안되서 걱정했어요.

더 많은 표현 보기

그렇게 심각한 게 아니어서 다행이야.
I'm glad it was not serious.

참고 이렇게 와 주셔서 감사합니다.
I'm so glad you've come.
I'm so glad you could make it.

곧 나아지길 바랄게.

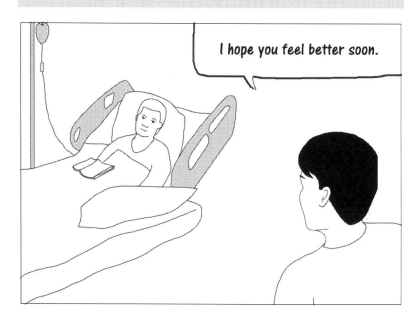

I hope you feel better soon.

더 많은 표현 보기

진심으로 그가 쾌차하길 바랄게요.

Sincerely **I hope his feeling better** soon.

Lucas가 빨리 왔으면 좋겠다.

I hope Lucas arrives soon.

일요일에 날씨가 좋으면 좋겠다.

I'm hoping for good weather on Sunday.

제 친구도 데려왔는데, 괜찮으시죠?

I brought my friend, **I hope you don't mind**.

우리 식구는 아침을 일찍 먹어요.

늦게 아침을 먹는다는 'have 식사 + 부사'형태보다는
늦은 아침을 먹는다는 '**have a(n) 형용사 + 식사**'를 많이 쓴다.

더 많은 표현 보기

오늘 점심을 굉장히 늦게 먹었어.
I had **a really late lunch** today.

저녁 완전 많이 먹었어.
I had **a big dinner**.

전 절대 과식 안 해요.
I **never eat a big dinner**.

내 차 정비소에 가 있어.

shop이 무조건 가게를 뜻하는 것이 아니고,
차 이야기를 할 때는 정비소를 뜻한다.

My car's in the shop.

더 많은 표현 보기

내 차 벌써 일주일째 카센터에 있어.

My car's been in the shop all week.

새 차가 또 정비소에 가 있어?

Is your **new car in the shop** again?

참고 내 차 지금 주차장에 있어.

My car's in the parking lot.

난 뒤처지는 거 싫어하거든.

fall behind ~   ~에 뒤떨어지다.

I don't like to fall behind.

더 많은 표현 보기

나 뒤처지는 거 싫어하는데.

I don't want to **lag behind**.

Emily가 선두 그룹에서 뒤처져 있어.

Emily **fell / lagged far behind the leading** group.

대출금 납부 기한을 넘겼다.

I **fell behind in my loan payments**.

집에 오는 길에 고기 좀 사와요.

pick up ~를 마트에 가서 사다.

Please pick up some meat on your way home.

고기가 없네.
아빠한테
전화 좀 해 줄래?

더 많은 표현 보기

오는 길에 우유 좀 사다줄 수 있어요?

On your way over could you please **pick up some milk**?

집에 가는 길에 옥수수 사가지고 갈게.

I'll **pick up some corn** on the way home.

커피 좀 마셔 봐.

Why don't you ~?   ~하는 게 어때?

더 많은 표현 보기

뭐라도 좀 해.

Why don't you do something?

저녁때까지 시간이 좀 남았으니 사과라도 좀 먹어.

Why don't you have an apple to keep you going till dinner time?

엄마한테 부탁해 봐.

Why don't you ask your mom?

내 개인수표가 빵구났네.

bounced   반송된 (부도처리 되서 되돌아온)

더 많은 표현 보기

참고 어제 제 수표 입금하셨어요?

Did you **deposit my check** yesterday?

당신 수표가 부도 처리됐네요.

Your check was bounced.

휘발유 값이 계속 오르고 있네.

go up   (가격, 수량, 레벨 등이) 오르다.

Gas prices are going up, up, up.

더 많은 표현 보기

휘발유 값이 또 올라간데.
Gas prices are **going up again**.
Gas prices are **shooting up again**.

(이 엘리베이터) 올라가요?
Going up?

한 명씩 따로 선생님을 만나러 갔다.

one at a time   차례로, 한 번에 하나씩

더 많은 표현 보기

허황되지 않고 하루하루 지내고 있어.

We're just taking it **one day at a time**.

후다닥 가지 말고 한발 한발 내딛어.

Take **one step at a time**.

버터를 넣고 천천히 휘저어 주세요. 한 번에 한 조각씩이요.

Slowly whisk in butter, **one piece at a time**.

Ella가 집까지 날 태워다 줬어.

give ~ a ride   ~를 태워주다.

더 많은 표현 보기

참고 Ella가 집까지 날 태워다 줬어.

Ella **drove me home**.

쇼핑 후에 날 집에 데려다 줄 사람이 필요해.

I need somebody to **give me a ride after shopping**.

날 집까지 태워다 줄 수 있어?

Could you **give me a ride home**?

지금 속이 안 좋아.

have trouble with ~   ~으로 고생하다.

> I'm having trouble with my stomach.

> 컨퍼런스를 너무 신경쓴 거 아니야?

더 많은 표현 보기

내 차에 문제가 생겼어.

I'm **having trouble with my car**.

로그인이 잘 안돼요.

I'm **having trouble logging on**.

난 밤 운전이 힘들어.

I'm **having trouble driving** at night.

요즘 장사가 안돼서 큰일이야.

be동사 in trouble　　　(많은 문제점으로) 곤경에 처하다.

더 많은 표현 보기

경제가 완전 심각한 수준이야.

The economy was **in serious trouble**.

참고 Owen은 최선을 다했지만 곤경에 처했어.

Owen did his best but he was **in hot water**.

참고 그 신문사는 비난을 받고 곤경에 처한 후에서야 정정기사를 냈다.

The newspaper reported correction article **under fire**.

분명해. 확신할 수 있어.

positive   (맞고 사실인지를) 의심 없이 확실하다.

더 많은 표현 보기

확실하진 않지만, 런던데리가 북아일랜드에 있는 걸로 알아요.

I'm not positive, but I believe Londonderry is in Northern "Ireland".

너 확실하지?

Are you positive?

그 점에 대해서는 확실하게 말할 순 없지만.

I am not positive about the point.

제가 뭘 했으면 좋겠어요?

Do you want me to ~ ?
의문사 + do you want me to ~ ?
미국 일상생활에서 참으로 많이 쓰는 표현이다.

그럼, 나 좀 도와줘.

What do you want me to do?

더 많은 표현 보기

제가 언제 갈까요?
When do you want me to come?

이 소포 어디에 놔둘까요?
Where do you want me to put this package?

왜 그렇게 결혼하라고 그러세요?
Why do you want me to get married?

참고 무슨 일로 저를 만나려 하시죠?
What do you want to see me about?

금방 돌아올 테니 잠시만 기다리세요.

더 많은 표현 보기

금방 돌아올게요. 잠시만 기다리세요.
I'll be right with you.

금방 가겠습니다.
I'll be right there.

금방 내려가요.
I'll be right down.

화장실 일 다 봤어. 금방 나갈게.
I'll be right out.

도움이 필요하시면 언제든지 와서 도와 드릴게요.
I'll be right here if you need me.

생각 좀 해볼게요.

give ~ thought   ~에 대해 심사숙고하다.

더 많은 표현 보기

네 제안에 대해 많이 생각해 봤다.
I've been **giv**ing your proposal a lot of **thought**.

과거에 너무 집착하지 마.
Don't **give** the past much **thought**.

그 일은 나중에 천천히 생각할래.
I'll have to **give** it some **thought** later on.

내가 거절했어.

turn down   거절하다.

더 많은 표현 보기

그의 제안을 거절할 수가 없었어.

I couldn't **turn down his proposal**.

Benjamin이 왜 내 초대를 거절했지?

Why did Benjamin **turn down my invitation**?

참고 소리 좀 낮춰 줘.

Please **turn the volume down**.

아파서 회사 못 간다고 전화해야겠어.

call in sick　　전화로 병결(病缺)을 알려주다.

I'll have to call in sick today.

전화기 갖다 줄까?
아니면, 내가 전화를 할까?

더 많은 표현 보기

Avery가 아파서 결근했어.

Avery **is out sick** today.

Avery **called in sick** today.

갑작스럽게 알려드려서 죄송해요.

short notice   촉박한 통보

더 많은 표현 보기

그거 너무 갑작스러운 얘기네요.
That's short notice.

너무 갑작스럽다는 거 아는데요.
I know **it's short notice**.

그리 급히 말씀하시면 저도 어찌할 수가 없어요.
I can't do it **on short notice**.

(장기적으로) 길게 봤을 때는

더 많은 표현 보기

중기적으로 보면.

In the medium term.

당장 눈앞의 것을 보면.

In the short term.

참고 (길게 봐서) 결국에는

In the long run.

지금 하신 말씀을 글로 부탁드려요.

in writing   서면으로

더 많은 표현 보기

그걸 서면으로 받을 수 있을까요?
  Can I **get that in writing**?

그것을 문서화 해 주실 수 있나요?
  Could you **put that in writing**?

글로 아니면 말로.
  In writing or orally.

사람들 줄 서 있는 거 보고 깜짝 놀랐어.

in a row   연달아

더 많은 표현 보기

Washington Redskins가 5연승했어.

Washington Redskins **won 5 games in a row**.

지난 주 5일 동안 계속 비가 왔어.

It **rained 5 days in a row**.

유치원생들이 줄지어 서 있다.

The kindergarteners **stood in a row**.

지금 다른 분이 저 도와주고 계세요.

'누군가가' 나를 도와주고 있다는 사실보다는
내가 **'도움을 받고'** 있는 사실이 더 중요하기 때문에
help를 수동태로 쓴다.

> I'm being helped.

> 다른 직원분이
> 물건 가지러 갔어요.

> 뭐 찾고 계세요?
> 도와드릴게요.

더 많은 표현 보기

다른 직원한테 도움 받고 계신가요?
Are you **being helped**?

도움 벌써 받았습니다.
I've **been helped**.

도움을 받으면 고맙다고 해야 해.
Please say thank you if **you have been helped**.

난 사진 찍는 거 싫어해.
(본인이 사진 찍히는 거)

have a picture taken인지 **take a picture**인지 **구별**

더 많은 표현 보기

난 사진 찍는 거 싫어해. (본인이 카메라 들고 찍으러 다니는 거)
I don't like **taking pictures**.

나 Tom Cruise 집 앞에서 사진 찍었어.
I **had my picture taken** in front of Tom's

나 그 사람들하고 사진도 찍었어.
I even **had my picture taken** with them.

이거 세일하는 건가요?

I was wondering if ~ ~한가요? ~한지 궁금해요.

더 많은 표현 보기

그 가격에 항공료와 숙박비가 다 포함되어 있는 건가요?

I was wondering if air fare and accommodations are included in that price.

여기가 금연 구역인지 궁금해서요.

I was just wondering if this was a smoke-free environment.

부탁 하나 해도 되나요?

I was wondering if I could ask you a favor.

아직도 처리중이네.

It's still ~   아직도 ~하다.

더 많은 표현 보기

아직 보증기간이 남았는데.

It's still under warranty.

여전히 약 효과가 없어요.

It's still not working.

조금 더 잘래. 아직도 깜깜하잖아.

I'll sleep a little more. **It's still dark out.**

생각했던 것보다 오래 걸리네.

~ than I expected   생각했던 것보다 ~하다.

더 많은 표현 보기

생각했던 것보다 재미있었어.

I had **more fun than I expected**.

생각했던 것보다 좋은데.

It's **better than I expected**.

기대 이상이었어.

It was **more than I expected**.

난 더운 건 상관없어. 괜찮아.

I don't mind ~   ~에 대해서는 괜찮다.

I don't mind the heat.

더 많은 표현 보기

추운 건 상관없는데, 비는 싫더라.

I don't mind the cold. It's the rain I don't like.

낮에 시끄럽게 떠드는 건 괜찮아.

I don't mind the noise during the day.

서 있어도 괜찮아.

I don't mind standing.

나는 완전 고기체질이야.

a big fan of ~   ~을 완전 좋아하는 사람

더 많은 표현 보기

난 생선을 별로 안 좋아해.
I'm **not a big fan of fish**.

나 완전 당신 팬이에요.
I'm **a big fan of you**.

걔 해리포터 광팬이야.
He's **a big fan of Harry Potter**.

도와줄까?

hand   (어떤 일을 하기 위한) 도움

더 많은 표현 보기

도와줄게.

Let me **give you a hand**.

도와줄래?

Can you **give me a hand**?

도움 필요하면 언제든지 말해.

If you need a hand, just let me know.

그게 얼마나 됐지?

How long ~ ?   ~인지 얼마나

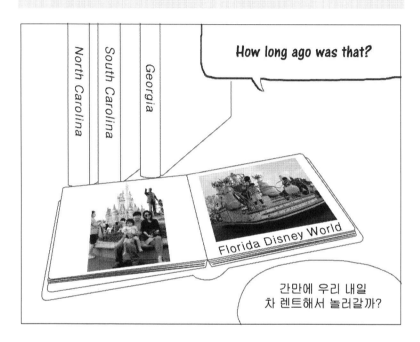

더 많은 표현 보기

이게 얼마 만이야?

How long has it been?

영화 상영시간이 얼마나 되나요?

How long is that movie?

뉴욕까지 얼마나 걸릴까요?

How long does it take to get to NY?

차를 이틀 동안 렌트하고 싶은데요.

I'd like to ~   ~를 하고 싶다.

더 많은 표현 보기

너한테 하고 싶은 말이 있어.
There's something **I'd like to tell you**.

주문할게요.
I'd like to order.

예매한 버스 시간을 바꾸고 싶어요.
I'd like to change my bus time.

새 차 좀 사려고 하는데요.

be동사 in the market for ~   ~ 구매에 관심이 있는

더 많은 표현 보기

지금으로선 중고차에는 관심 없어요.

I'm not in the market for a used car at the moment.

요즘 새 차 사기에는 별로인데.

This is **a bad time to be in the market for a new car**.

차를 한번 볼 수 있을까요?

take a look at ~   ~를 한번 보다.

더 많은 표현 보기

나 좀 봐봐.

Take a look at me.

한번만 볼게요. 이거 제 물건 같거든요.

Let me **take a look at that**. I think it's mine.

여기에 사인하기 전에 한번 훑어볼게요.

Let me **take a look at it first** before I sign it.

광고책자보고 좋아하는 거 골라 봐.

take one's pick   (좋아하는 쪽으로) 선택하다.

더 많은 표현 보기

야, 그 돈이면 전시된 것 중에 어느 차든지 다 살 수 있어.

With that much money **you can have your pick of any car** in the showroom.

마음에 드는 걸로 골라 봐. 아빠가 사 줄게.

Take your pick. I will buy it for you.

하나 골라 봐. 뭐든지 사 줄게.

Take your pick. You can have whichever you like.

좀 싸게 안 될까요?

cheaper   값이 더 싼

더 많은 표현 보기

참고 좀 싸게 안 될까요?

Could you **go any lower**?

Can't you **bring it down** a little?

더 싼 거 없나요?

Do you **have any cheaper**?

집을 사는 거보다 렌트가 더 싸.

That renting a house is cheaper than buying it.

(휘발유) 만땅이요. 가득이요.

fill up 가득 채우다.

더 많은 표현 보기

일반 휘발유로 가득 채워 주세요.
Fill it up with regular, please.

무연 휘발유로 가득 채워 주세요.
Fill it up with unleaded, please.

고급 휘발유로 가득 채워 주세요.
Fill it up with supreme, please.

이 양식 좀 작성해 주시겠어요?

fill out (공식적인 문서나 양식 등에) 정보를 적어 넣다.

더 많은 표현 보기

양식 좀 작성해 주세요.
Fill out the form, please.
Complete this application, please.

먼저 등록신청서를 작성하셔야 합니다.
You need to **fill out this registration form**.

걔가 뜻밖의 말을 하더라고.

say something ~   ~한 말을 하다.

더 많은 표현 보기

Matthew가 놀랄만한 말을 하더라고.
Matthew **said something appalling**.

Kaylee가 의미심장한 말을 하더라고.
Kaylee **said something very significant**.

Eunice가 아주 무례한 말을 하더라고.
Eunice **said something rude**.

너 한 5파운드 빠진 거 내가 알아봤지.

can tell ~   ~를 알아차리다.

더 많은 표현 보기

갸가 거짓말하는 거 같은데, Joseph은 못 알아차리는 거 같더라.
He might have been lying. **Joseph couldn't tell**.

네 얼굴만 봐도 무슨 생각하는지 알 수 있어.
I can tell what you're thinking just by looking at your face.

네가 어떻게 알아?
How can you tell?

희한하네.

funny 설명하기 어렵고, 이상한

더 많은 표현 보기

네가 아이패드가 없다니 의외인데.
It's funny how you haven't had an iPad.

애들이 조용하니까 수상한데.
It's funny that the kids are so quiet.

이 야시꾸리한 냄새는 뭐지?
What's that **funny smell**?

저 사람이 나한테 다가왔었어.

come up to ~   ~에게 다가가다.

더 많은 표현 보기

나한테 다가와서 담뱃불이 있냐고 묻던데.

He came up to me and asked for a light.

경찰 한 명이 내 차 쪽으로 다가왔었어.

A police officer came up to my car.

참고 내가 그 사람한테 다가갔어.

I went up to him.

나 통화하고 있어.

on the line   통화 중

더 많은 표현 보기

다른 사람과 통화 중이었어.

I was on another line.

(교환원이) 상대방이 연결됐습니다. 말씀하세요.

Your party is on the line. Go ahead.

참고 전화 못 받아서 미안해.

I'm sorry **I missed your call.**

전화 잘못 거신 거 같아요.

wrong number   잘못된 전화번호

더 많은 표현 보기

여긴 Michael이라는 사람이 없어요. 잘못 거신 거 같아요.
There's no called Michael here. **You must have the wrong number**.

죄송해요. 제가 잘못 걸었네요.
Sorry, **I have the wrong number**.

번호는 맞는데요, 잘못 알고 계신 거 같아요.
You dialed correctly, but **you must have the wrong number**.

전화 끊지 마. 우리 할 얘기 있잖아.

hang up on ~　　(통화 도중에 갑자기) ~의 전화를 끊다.

더 많은 표현 보기

내가 걔 전화 그냥 끊어버렸어.
I hung up on him.

내가 10시까지 갈게.

by ~ (늦어도) ~까지는

I'll be there by ten.

더 많은 표현 보기

다음 주 금요일까지 보고서가 준비되겠습니까?

Do you expect **the report by Friday**?

내일까지는 그것을 해 놓겠습니다.

I'll **have it done by tomorrow**.

5시에는 차 수리가 다 될까요?

Will my car **be ready by 5**?

동네가 나날이 발전하고 있어요.

day by day 나날이

더 많은 표현 보기

이 동네 인구가 매일 증가해요.

The population in this neighborhood **increases day by day**.

참고 걔는 매일같이 똑같은 일을 하는 걸 싫어해.

She hates doing **the same work day after day**.

참고 매일 그렇게 밤일하면 병나.

If you work night after night, you'll probably become ill.

그냥 겨우 먹고 살고 있어.

make ends meet　　겨우 먹고 살 만큼 벌다.

더 많은 표현 보기

Charlie가 직장을 잃어서 진짜 빠듯하게 겨우겨우 살아가고 있어.
When Charlie lost his job, we could **barely make ends meet**.

많은 가정들이 아등바등 돈을 벌어 겨우 먹고 살고 있다.
Many families **struggle to make ends meet**.

빚만 없어도 맘이 편하지.
I feel comfortable **when I make ends meet**.

이 또한 지나가리라.

shall ~   (미래에 대한 예측으로) ~일 것이다.

더 많은 표현 보기

이 정도 공부하면 시험에 합격할거야.
  If I work so hard, **I shall pass** the exam.

Claire는 금방 잊을 거야.
  Claire shall pass as a watch in the night.

할까?
  Shall we?

아이들에 얽매여 아무 것도 못하지? 그렇지?

tie ~ down   (아무 것도 할 자유가 없이) ~를 얽매다.

더 많은 표현 보기

처자식에 얽매여서 살 준비 되어있지?

Are you ready to **be tied down to a wife and children**?

Sarah는 직장생활에 얽매여서 사는 걸 원치 않아.

Sarah doesn't want to **be tied down by a full-time job**.

더 이상 절 구속하려 하지 마세요.

Don't try to **tie me down** anymore.

오늘 못 볼 거 같아.
하루 종일 바쁠 거 같거든.

be동사 tied up   (아무 것도 할 수 없을 정도로) 바쁘다.

라이드

집청소

설거지

I can't see you today.
I'll be tied up all day.

더 많은 표현 보기

지금은 바쁘고, 한 2시간 후 부터는 괜찮아질 거야.
I'm tied up now, but I'll be free in two hours.

하루 종일 애들 때문에 꼼짝을 못해요.
I'm tied up with my kids all day.

하루 종일 집안 일 하느라 바빠요.
I'm tied up with housework all day.

날씨 완전 좋다.

Such a 형용사 + 명사, What a 형용사 + 명사는
감탄문으로 쓴다.

더 많은 표현 보기

날씨 완전 좋네.

What a beautiful day.

Such a lovely day.

What a nice day we are having.

(여름에는) 비와.

한국말은 "비와"로 말이 다 통하고 이해를 하지만,
영어에서는 이것들이 다 시제로 나뉘어서 쓴다.

더 많은 표현 보기

(내일) 비와.

It will rain (tomorrow).

(다음 주 내내 일분도 안 쉬고) 비와.

It will be raining (for next week).

(지금) 비와.

It's raining (now).

(4시간째) 비와.

It's been raining (for 4 hours).

요즘 날씨가 변덕을 부리네.

crazy weather   변덕스러운 날씨

더 많은 표현 보기

전 세계적으로 날씨가 변덕을 부리네요.

There's crazy weather all over the world.

참고 날씨 참 변덕스럽네.

The weather is so **unpredictable**.

참고 날씨가 변덕스러워서 예측을 못하겠네.

I can't predict the weather.

에이, 그런 말이 어디 있어?

There is no such word.는
그러한 뉴스나 그러한 메시지 등을 들어보지 못했을 때 쓴다.

더 많은 표현 보기

그런 말 들어도 할 말이 없네.
There is no word of excuse for such a reproach.

그런 속담 있거든.
There is such a saying.

딱 맞는 말이네.
There is no other word for it.

성경에 쓰여 있어.

It says ~   ~에 쓰여 있다.

더 많은 표현 보기

성경에 안 쓰여 있다.

It doesn't say in the Bible.

그게 성경에 쓰여 있다고?

Does it say that in the Bible?

어디에 쓰여 있는데?

Where does it say?

빠를수록 좋죠.

The 비교급 the better. (가능한 한) ~할수록 더 좋다.

더 많은 표현 보기

많을수록 좋죠.

The more the better.

참고 사람은 많을수록 더 재미있잖아.

The more the merrier.

비가 억수같이 쏟아져.

cats and dogs   영 안 좋은

It's raining cats and dogs today.

더 많은 표현 보기

개네들 사이 억수로 안 좋아.
They **agree like cats and dogs**.

개네들 완전 개처럼 싸웠어.
They **fought like cats and dogs**.

땡스기빙 데이 세일 때가 제일 싸니 그때 사.

take advantage of
(원하는 것을 얻기 위해 그 특정 상황을) 활용한다.

Take advantage of the Black Friday.

더 많은 표현 보기

전자제품은 사이버 먼데이에 사야지.

Take advantage of the Cyber Monday.

세일 때문에 스토어에 사람 완전 붐벼.

Stores were crowded with customers anxious to **take advantage of the sales**.

땡스기빙 데이가 1주일 남았다.

be동사 ~ away   ~만큼 떨어져있다. ~남았다.

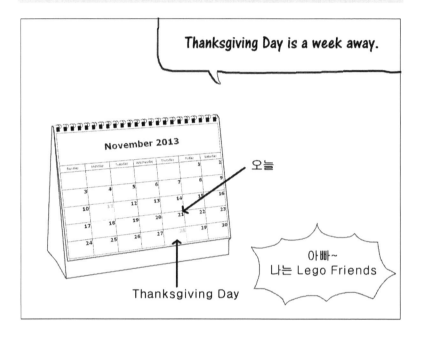

Thanksgiving Day is a week away.

November 2013

오늘

아빠~
나는 Lego Friends

Thanksgiving Day

더 많은 표현 보기

바닷가까지 겨우 10분밖에 안 남았어.

The beach is **only ten minutes away**.

나 이제 1마일만 있으면 도착해.

I am **about 1 mile away**.

참고 멀지 않은 곳에 다른 호텔이 있어요.

There's another hotel **not far away**.

득템하려면 여기저기 다녀 줘야지.

shop around (구매를 결정하기 전 가격, 질을 비교하며) 가게를 돌아다니다.

Shop around for the best deal.

더 많은 표현 보기

여기 저기 좀 더 다녀봤어야 했는데.
I should've shopped around.

새 차 사려고 여기저기 다니면서 알아보고 있어.
I've been shopping around for a new car.

완전 싸네.

steal   굉장히 싼

더 많은 표현 보기

그 값이면 거저야.

It's a steal at that price.

이 티가 4달러면 거저지.

This T-shirt is **a steal at $4**.

아이패드 미니가 지금 229달러래. 완전 공짜나 마찬가지야.

The iPad mini only costs $229 now. **That's a steal**.

너 바가지 썼어.

rip ~ off   ~에게 바가지를 씌우다.

> LE, 4만 달러줬어.

> **You got ripped off.**

더 많은 표현 보기

그 중개업자 우리에게 완전 바가지 씌웠어.
The agency really ripped us off.

밥값은 바가지에, 서비스는 완전 개판이었어.
The meal was a rip-off and the service was appalling.

제 값을 다 주면 바가지를 쓴 기분이 들어.
If I pay a full price, **I feel like being ripped off**.

나 식탁 사려고 돈 모으고 있어.

save up for ~   (나중에) ~할 경우를 위해 돈을 모으다.

더 많은 표현 보기

우리 해외여행하려고 돈 모아.

We're **saving up for a trip abroad**.

쓸데없이 돈쓰지 말고, 만일을 대비해서 저축해 둬.

Don't waste your money. **Save up for a rainy day**.

비상시를 대비해서 저축해 둬.

Save up for an emergency.

나도 동감이야. 네 말이 맞아.

구어로써 그 사람에게 **절대적으로 동의할 때** 쓴다.

더 많은 표현 보기

나도 동감이야. 네 말에 동의해.
  I **agree with you**.

제 생각도 그래요.
  I was **wondering the same thing**.
  I was **thinking the same thing**.

여윳돈이 아주 도움이 되었어.

come in handy 유용하다.

The extra money came in handy.
한숨 돌렸네

더 많은 표현 보기

수영물품들 챙겨가. 유용하게 쓰일 걸.
Take your swimming things. **They might come in handy**.

지금 이 순간에 지도가 있으면 딱인데.
A map sure would **come in handy right now**.

방안에 작은 냉장고라도 있으면 편할 텐데.
A small fridge set in the bedroom would **come in handy**.

나 여기 단골이야.

regular customer   단골손님
regular가 종종, 자주의 뜻인 **often**

더 많은 표현 보기

펜 스테이션은 1960년대까지 자주 이용됐었다.
Penn Station was **in regular use until the 1960s**.

참고 고객 서비스가 맘에 안 드네요.
I am not **satisfied with the customer service**.

참고 고객은 왕이야.
The customer is always right.

네 말을 듣고 보니.

now that ~   (결과적으로) ~이니, ~이기 때문에

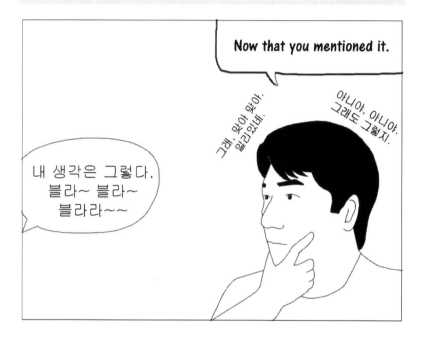

더 많은 표현 보기

날씨가 따스해졌으니.

Now that the weather is warmer.

두 딸의 아빠가 되어 보니.

Now that I have two little girls.

한 학년 끝났으니 이제 좀 쉬자.

I'm going to relax **now that** the school year is over.

인터넷 검색해봐.

look something up (사전, 컴퓨터 등에서) 찾아보다.
사전 같은 종이류에서 찾으면 **in**,
컴퓨터 같은 전자기기류에서 찾으면 **on**.

더 많은 표현 보기

모르면 사전 찾아봐.
Look it up in the dictionary.

업소록에서 전화번호를 찾았어.
I **looked up a number in the Yellow Pages**.

웹사이트에서 거기 몇 시에 여는지 찾아봐줄래?
Can you **look up the opening times on the website**?

스태튼 아일랜드 페리는 맨해튼과 스태튼 아일랜드를 왔다 갔다 해.

back and forth   왔다 갔다를 여러 번 반복하는

The Staten Island Ferry is sailing back and forth between the boroughs of Manhattan and Staten Island.

더 많은 표현 보기

날씨가 되게 오락가락하네.

Weather goes back and forth.

결정하기 전에 경우의 수를 여러모로 생각해봐.

Bounce back and forth before making a decision.

색인 ㄱ ㄴ ㄷ

가

나

다

라

마

바

사

자

차

카

타

파

하

Index a b c

A

B

C

D

E

F

G

H

I

J

L

M

Just **make up** your mind.	65
My mind is **made up**.	65
I'm in the **market** for a new car.	167
I'm in the **market** for a used car at the moment.	167
This is a bad time to be in the **market** for a new car.	167
Your credit **max**ed **out**.	17
I **mean** business.	107
I **mean** it.	107
That's what I **mean**.	107
This time I **mean** it.	107
I don't **mind** standing.	162
I don't **mind** the cold.	162
I don't **mind** the heat.	162
I don't **mind** the noise during the day.	162
I hope you don't **mind**.	135
Mind you language.	99
Would you **mind** speaking a little louder?	132
Don't **misunderstand** me.	97
I don't want there to be any **misunderstanding**.	97
That's a **misunderstanding**.	97
Could we **move** your appointment up to 6 p.m?	70
I'd like to **move** my appointment an hour back.	70
Would you mind **mov**ing my appointment up to 6 p.m?	70
Can I **move** to that seat **over** there?	73
Could we **move over** there?	73
Could you **move over** a little?	73
I need to **move** this dining table **over** there.	73
It **must** be expensive.	117
It **must** be in my other suit.	117

P

S

I **slept through** the alarm.   24
My babies **sleep through**.   24
The animals are getting ready
           to **sleep through** the long cold night.   24

Eunice said **something** rude.   173
Kaylee said **something** very significant.   173
Matthew said **something** appalling.   173
She said **something** unexpected.   173

Don't **stand** me **up**.   67
I didn't mean to **stand** you **up**.   67
I thought you were going to **stand** me **up**.   67
I was supposed to meet Sophie on my day off,
           but she **stood** me **up**.   67

The movie **start**s at 8:00.   26
What time does the movie **start**?   26

I'm **starved**.   9

iPad mini only costs $229 now. That's a **steal**.   196
It's a **steal** at that price.   196
This T-shirt is a **steal** at $4.   196
What a **steal**.   196

It's **still** dark out.   160
It's **still** not working.   160
It's **still** pending.   160
It's **still** under warranty.   160

Joshua probably got **stuck in** traffic.   72
I'm **stuck in** traffic on I-66.   72
I was **stuck in** traffic for an hour.   72

Such a beautiful day.   186
Such a lovely day.   186

U

부 록

Washington, DC로 여행하기

워싱턴 DC에는 덜레스 국제공항 (Dulles International Airport), 레이건 공항 (Reagan National Airport), 볼티모어-워싱턴 국제공항 (Baltimore-Washington International Airport)가 있습니다.

DC에서 가장 가까운 레이건 공항은 버지니아州 알링턴에 위치해 있지만, 국내선 전용 공항이고, **대한 항공 직항 편**을 이용하신다면 버지니아州 챈틀리에 위치한 **덜레스 국제공항 (IAD)**를 이용하게 됩니다. 실제로 워싱턴 DC내의 공항은 없습니다.

덜레스 국제공항에서 워싱턴 DC로 가는 교통수단은 워싱턴 플라이어 택시, 워싱턴 플라이어 코치 버스, 파란색 Van으로 유명한 수퍼 셔틀, 그리고 Metro가 있습니다.

공항 - DC를 운행하는 **메트로 버스의 번호는 5A**이며, 2013년 11월 현재 **요금은 6달러**입니다. 미국 버스는 운전사가 잔돈을 거슬러 주지 않기 때문에, **Exact Fare Required**입니다.

관광객들이 주로 가는 백악관과 국회의사당, 그리고 내셔널 몰은 **지하철 메트로가 다니지 않는 루트**여서, 투어 버스를 이용하시거나 자전거 또는 세그웨이 렌탈, 아니면 걸어서 구경하는 편이 훨씬 좋습니다.

워싱턴 DC에 있는 **미 역사 박물관, 자연사 박물관, 항공우주 박물관** 등의 스미스소니언 재단의 박물관들과 **국립 미술관**은 뉴욕과 달리 언제나 무료입니다.

뉴욕에 세계 3번째로 크다는 뉴욕 공립 도서관이 있다면, DC에는 세계 2번째로 큰 **연방 의회 도서관**이 있습니다. 이 또한 무료이니 구경하시고, 건너편에 위치한 **국회의사당 실내 투어** 또한 잊지 마시고 꼭 즐기시길 바랍니다.

Made in the USA
Las Vegas, NV
07 June 2021